福と幸せをよぶ

妖怪さんと柴犬さん

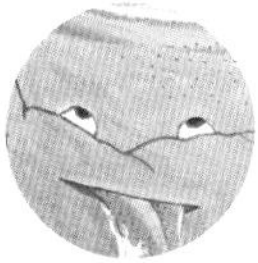

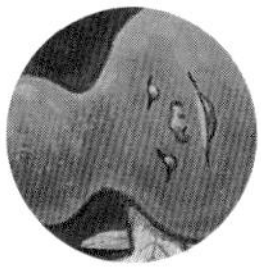

絵と文　影山直美

辰巳出版

はじめに

愛犬の様子を見ていてドキッとすることがあります。もしかしてこのコたち、「何か」見えている？

たとえば、壁の上の方をジーッと見つめている時。その姿はまるでお告げを聞いているかのように真剣。きちっとオスワリ、耳は前にビシッと集中しています。またある日の散歩では、まるでそこに「誰か」いるかのようにグルリと大回りして避けて歩く。もちろん私には何も見えません。犬や猫と暮らしたことがある方は、似たような経験をお持ちかもしれませんね。

私はこんな時、愛犬が妖怪にでも話しかけられてるんじゃないか、なんて思います。きっとその妖怪は悪い奴ではなくて、身を守ってくれたり遊んでくれたり、たまにはからかってきたり。

日本に昔から伝わる妖怪の中には、そんな心優しくてお茶目な存在もあるようです。この本では、ごく一部ではありますが優しい妖怪たちをご紹介しています。江戸時代の絵師たちがしていたように、私も自分なりの解釈や想像を加えて描いてみました。皆さんも、緩やかな気持ちで楽しんでいただければ幸いです。

影山直美

福と幸せをよぶ 妖怪さんと柴犬さん 目次

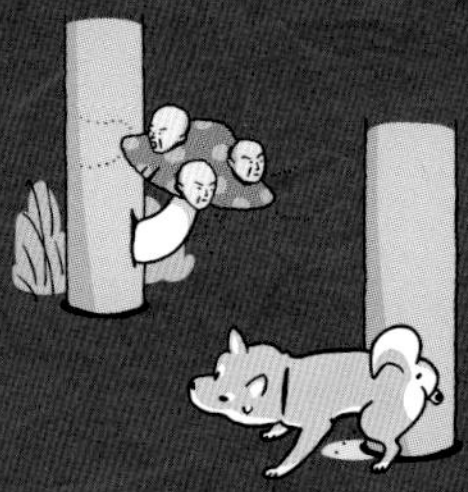

※本書はwebサイト【Shi-Ba】プラス犬びよりで連載した作品と、
日本犬専門誌【Shi-Ba】（シーバ）で掲載した作品に
加筆、修正したものと、新たな描き下ろし作品を掲載しています。
※本文中の犬の年齢は、作品が発表された当時のまま表記しています。

さぁさぁ、
お立ち会い、
妖怪さんの世界に
ご案内するよ！

この妖怪、だ〜れだ？

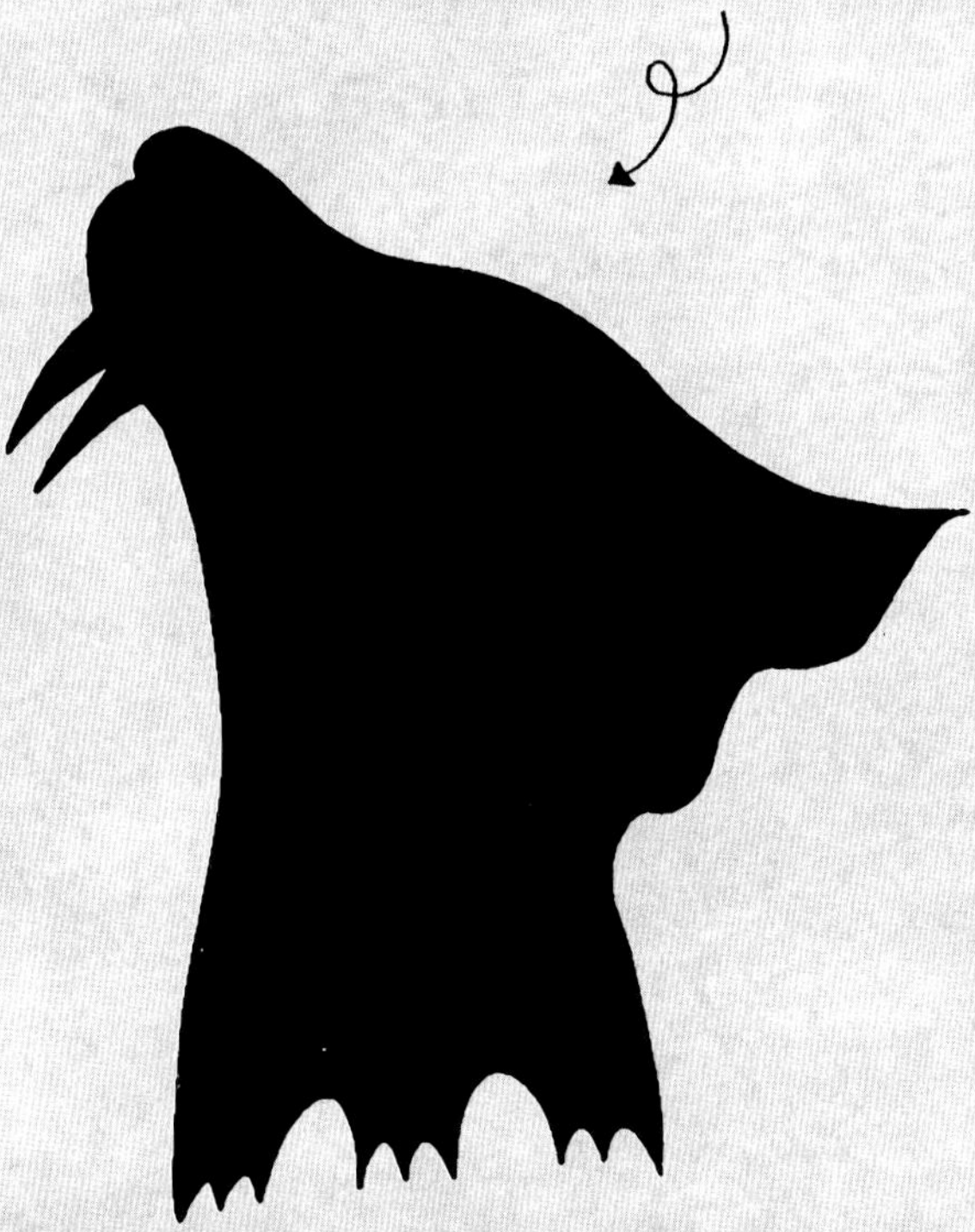

ヒント

❶ 海から現れる
❷ 疫病や豊作を予言する
❸ みんなが絵に描いた

【アマビエ】

江戸時代後期、肥後国（今の熊本県）に出たという妖怪。光り輝く姿で海中から姿を現して疫病の流行を予言し「その時は私の姿を描いた絵を人々に早々に見せよ」と告げて、再び海へ消えていったそうな。

アマビエの姿は、
かわら版に描かれて
遠く江戸まで届いた。
今はスマホで撮って
簡単にＳＮＳに投稿できる
便利な世の中になった。
誠実なタッチで
絵を残してくれた
先人に感謝したい。

まだ描き終わって
ないんですけど！

アマビエが描かれたかわら版は、
京都大学附属図書館に収蔵されている。
そこには疫病の予言はしても
ご利益があるとまでは描かれていない。
でもかわら版に描かれたちょっとひょうきんな
アマビエの絵を見ていたら、
これを描き写して誰かに見せたくなるものだ。
自分の大事な人に
アマビエを見せて病気から守りたい。
その心こそが、人々を救うのかも。
ちなみに予言した上でご利益があるとされている
妖怪には「アマビコ」や
「くたべ」などがいる。
彼らの姿を見れば疫病から逃れられるとされている。

三本足の猿の姿をしているというアマビコ。
移動が速そうだ。

駆け抜けるアマビコ

柿喰ふアマビコ

顔は人間、
体は牛の姿をしている
予言獣くたべ。
牛と同じ草食なら
犬の散歩中に
出会う可能性も。

この妖怪、だ～れだ？

ヒント

❶ お城の庭に潜んでいる
❷ お年寄り
❸ 武士に人気

【出世猫《しゅっせねこ》】

化け猫の1つで、駿河国（今の静岡県）駿府城内の庭に潜んでいたとされる妖怪。老いた黒猫の姿をしており、目撃すると立身出世の望みが叶って幸せになると言われている。

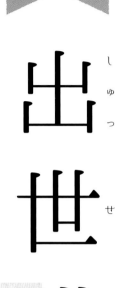

化け猫というと人に取り憑くとか
人を食い殺すといった
恐ろしい伝承が多いが、
このように幸運をもたらすものもいる。
駿府城に出入りする
武士たちにとって、出世猫は
四葉のクローバー的な存在だったのかも。

私なりの四葉のクローバー
「朝7時までに柴犬5匹と会えたら
その日はラッキー」

幸運をもたらす猫の妖怪は
他にもいる。
尾張国（今の愛知県）に伝わる
御空猫（おからねこ）は
牛や馬の数倍もある大きな化け猫だ。
背中には草木が生えていて
動かず鳴きもせず、
雨にも負けずにただじっとしている。
そして願い事をすれば
聞いてくれるという。
健気でお人好しな妖怪だ。

見つけにくい御空猫。
知らずに踏んでしまわぬよう、
気をつけたい。

身近な存在だけに
猫にまつわるジンクスもいろいろある。
黒猫が玄関先にいたら
幸せになれるとか、
猫のクシャミを聞くと
縁起が良いなど。
ちなみに犬では、
戌の日にお参りすると安産、などがある。

この妖怪、だ〜れだ？

ヒント

❶ 地面に現れる
❷ とても親切
❸ 夜道で会うとホッとする

【送《おく》り提灯《ちょうちん》火《び》】

灯りを持たずに夜道を歩いていると、提灯の光で足元を照らしてくれる。姿はなく灯りだけの、控えめで親切な妖怪。似た名前で「送り提灯」があるが、こちらは夜道を歩く人の先に見えたり消えたりしながら気を引こうとする提灯。うっかりついて行かぬこと。

日が短くなる冬時期、
夕方の犬の散歩に現れて欲しい送り提灯火。
特に黒い犬にはありがたい存在だ。
うっかり懐中電灯を忘れてしまった時などは、
せめて例のモノを拾う時だけでも
手元を照らしてくれたら御の字だ。
送り提灯火ほどではないが、
柴犬のお尻もぼんやりとした灯りになる。
私は先代犬テツとこまを連れ立って歩く時には、
こまを先に歩かせた。
そしてそのお尻の白っぽい灯りを目印に歩けと
テツに言ったものだ。

妹分こまの後をついてゆっくり歩く
初老のテツ。
柴犬のお尻はかわいいだけでなく、
こうして役にも立つのだった。

日なたをガリガリ掘ってから寝る犬もいるくらいだから、
地面の灯りは気になるだろう。
ほんのり明るい送り提灯火を掘らないでくださいね。

この妖怪、だ〜れだ？

ヒント

❶ おかっぱ頭
❷ 家に棲みつく
❸ 見える人と見えない人がいる

【座《ざ》敷《しき》童《わら》子《し》】

陸奥国（現在の岩手県など）を中心に全国に伝わる妖怪。家に棲みつき、繁栄を守っている。おかっぱ頭の女の子のイメージが強いが、男の子や老婆の場合もある。地方によっては同じ年の子供にしかその姿は見えないという。座敷童子が去った家は衰退する。

人間は座敷童子と遊べなくても、
犬なら一緒に遊べそう。
座敷童子の時間軸
（そんなものないかもしれないけど）と
犬のとは、
結構近いのではないかと想像する。
どうか座敷童子が
柴犬好きでありますように。
そして我が家に
末長く居ついてくれますように。

無邪気な方々

彼らは家人が繁忙期であっても
お手伝いなどはしない。
ただその姿を見た人に、安らぎを与えてくれる。

カゲヤマ的妄想奇想　犬にしか見えない 妖怪さんたち その①

愛犬の不思議行動の裏に妖怪あり！

自分の尻尾を追うのは……

「釣《つ》り天狗《てんぐ》」の仕業である

普段はドバトの群れに混ざっている釣り天狗。気に入った柴犬が通ると後をつけて家に入り、尻尾を釣って遊ぶ。無視していれば飽きて出ていくので、釣り天狗には反応しないことだ。

逃げれば逃げるほど釣り天狗の思うツボなのである。

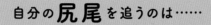

ゴハンの**時間**がわかるのは……

「米米坊主《まいまいぼうず》」の仕業である

米米坊主はコメ粒ほどの大きさで、普段は部屋の隅でびっしりと身を寄せ合っている。

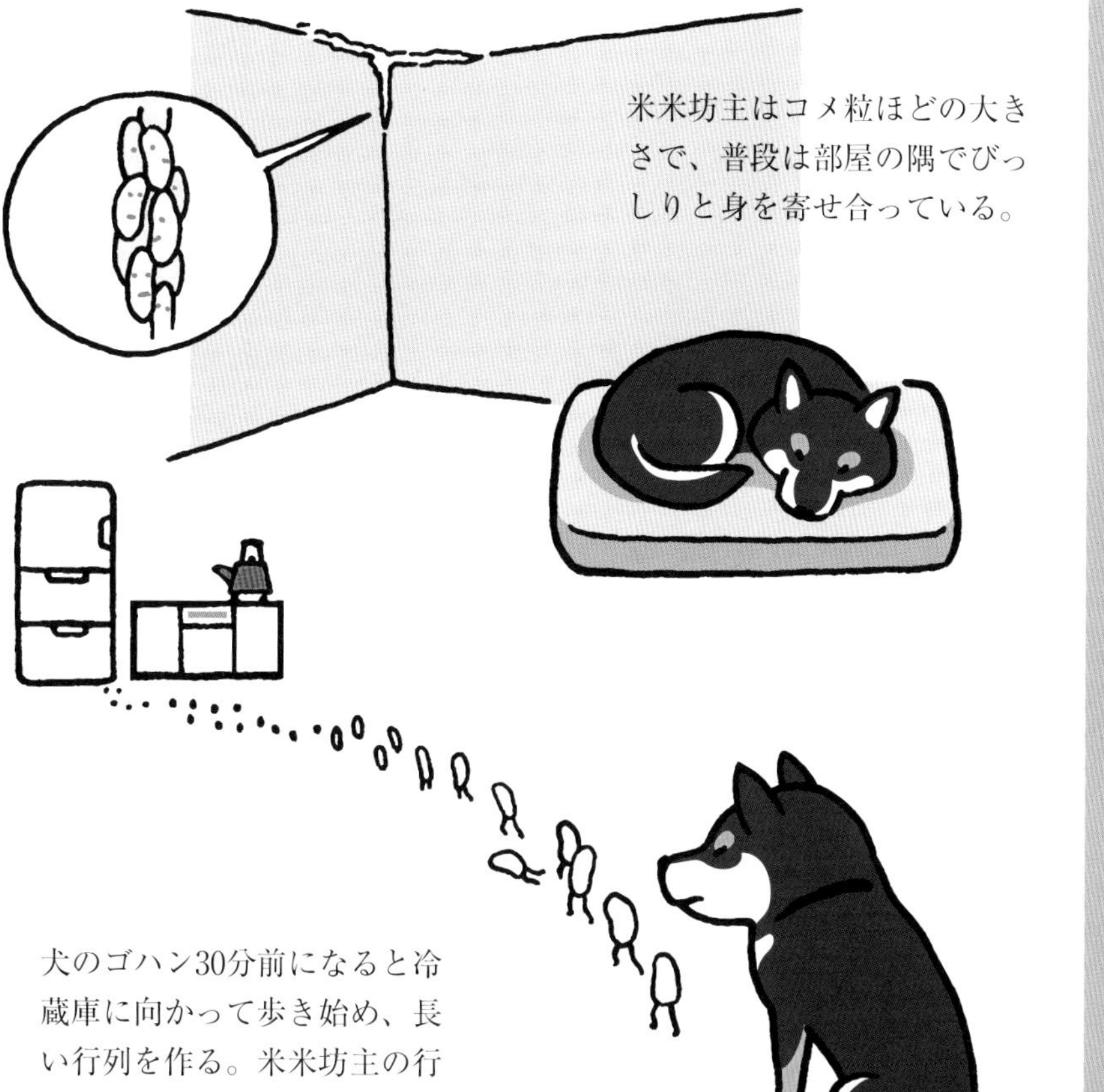

犬のゴハン30分前になると冷蔵庫に向かって歩き始め、長い行列を作る。米米坊主の行列を見た犬が己のメシの時間を察知してその後に続く。

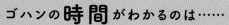

何もない壁をじっと見ているのは……

「ぶらさがり犬」の仕業である

壁に画鋲を刺した跡がぶらさがり犬のお気に入り。食事時はその穴に尻尾を引っ掛けてぶらさがり、主に牛肉を食う。いい匂いに釣られて犬は思わずオスワリをしてしまうってわけ。

この妖怪、だ～れだ？

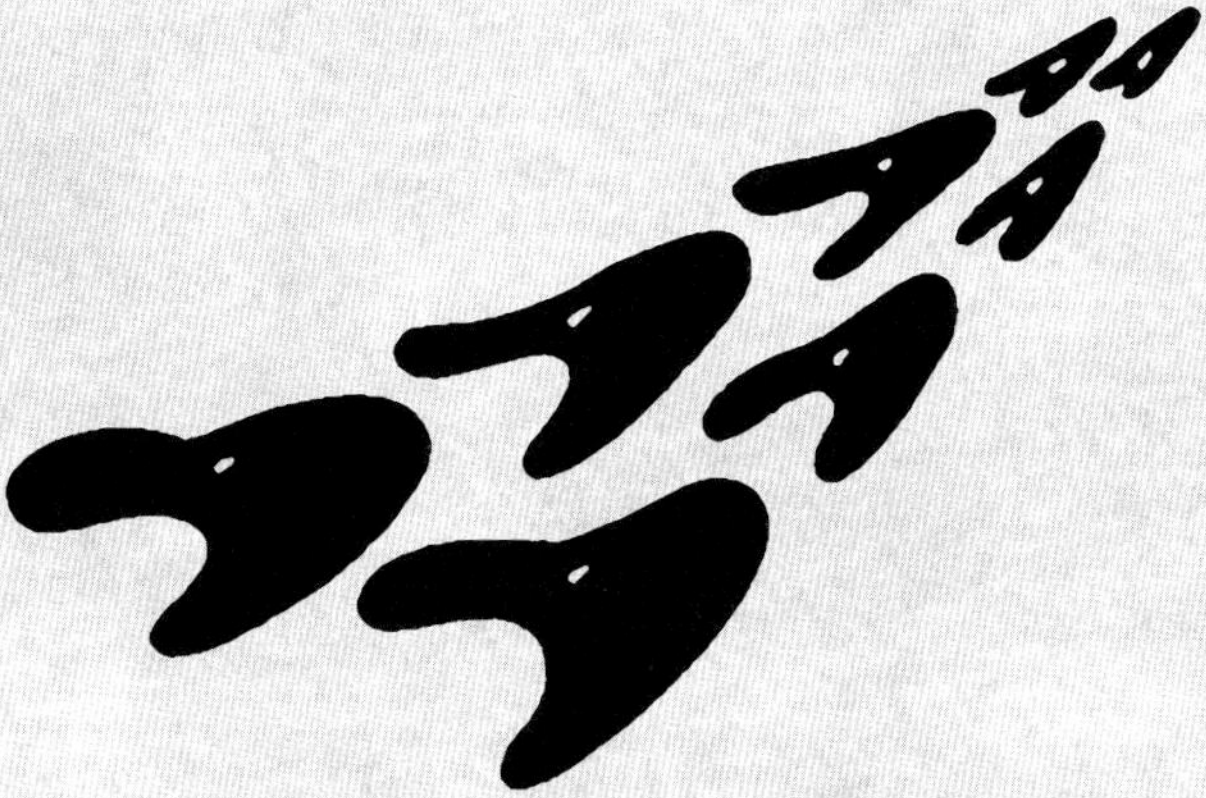

ヒント

❶ 夕暮れ時にやってくる
❷ 出会うとお金持ちになれる
❸ 刀が必要

【銭神《ぜにがみ》】

夕暮れ時に人家の軒先を走る薄雲のようなもので、これは銭の精が集まったものとされている。声を発して走るので、それを刀で切るとお金がたくさんこぼれ落ちてくるという。

江戸
大蒲焼

この話を知ってから、卑しい私は
夕方になると空を見上げてしまう。
銭神、一生に一度は会いたい妖怪。
もしもに備えて木刀の1本も
買っておいた方がいいのではないか？
観光地の土産店に
立ち寄ることがあったら、
良さげなのを手に取ってみようと思う。

どっちから
来る？
それより早く
ゴハンください

銭神が現れる夕方にお金が道に落ちていたら、
それは「おこぼれ」かもしれない。
もしそうだとして、
それはもらっていいのか？
それから、例えば隣の家の軒先を
銭神が通ったとして、
それは発見者である私が
刀で切ってしまってＯＫ？
こんなことばかり考えていたら、
蚊柱まで銭神に見えてきた。
犬の散歩やら夕飯の支度やらで
何かと忙しい夕方。
無欲になって愛犬のお世話をした方が良さそうだ。

この妖怪、だ〜れだ？

ヒント

❶ 山で道に迷うと会える
❷ 会うと運気が上がる
❸ 妖怪かどうかの判断が難しい

【迷《まよ》い家《が》】

陸奥国（今の岩手県など）の山奥に、道に迷った人が行きあたってしまう無人の家がある。庭には花が咲き乱れ、家畜小屋には馬や牛がいる。家に入れば火鉢に置かれた鉄瓶から湯気が出ており、確かに人が住んでいる気配があるのに姿がない。この家に出くわしたら、何でもいいから家の中のものを1つ持ち帰ると運気が上がるという。

本当に迷い家なのか、
留守にしているだけなのか、
慎重に見極めなければならない。
家人のいない家の中をうろつき
物色する姿は、
はたから見れば
盗人以外の何者でもない。
不安な場合は何ももらわずに
帰った方が得策だろう。

迷い家じゃなかったの!?
アッ
なんだオメー

ちなみに、
ある無欲の女が何も取らずに帰ったら、
後日こんな幸運があったという。
その女が川で洗い物をしていたら、
迷い家のある上流から
朱塗りのお碗が流れてきた。
あまりに美しいので持ち帰り、
雑穀を計るのに使ったところ、
いくらすくっても雑穀は減ることがない。
やがて女は金持ちになったそうな。
山奥で行きあたったのが真の迷い家なら、
後で必ず贈り物がある。
つまり無欲な人には必ず良いことがある。
迷い家は人を試しているのだと私は思う。

この妖怪、だ〜れだ？

ヒント

❶ 谷にいる

❷ やたら陽気

❸ 見ると元気が出る

【人《じん》面《めん》樹《じゅ》】

山あいの谷に生えている木。その花は人の首のようで、物は言わずただしきりに笑う。笑いすぎると花は落ちる。辛いことがあった日は、人面樹に会えば気が晴れるだろうか。

人面犬に人面魚……。
「人面ナントカ」はこれまでも
人々の話題になってきた。
我が家の近所の川にも頭に人の顔を持つ鯉がいて、
犬の散歩の途中で気にして見ている。
しかしそれを絵に描いたら
バチがあたるような気がする。
というのも私はその鯉を
「神のお弟子さん」としているから。
そして「そういうこと」にしておくと
毎日の散歩がまた楽しくなるのだった。

「犬面樹」があったらどうだろう。
ひとしきり吠えて
落ちたら子犬になる 。

子供の頃、部屋の天井にも
トイレの壁にも「人面」があった。
学校でいいことがあった日も
嫌な奴に何か言われた日も
「人面」はいつもそこから私を見ていた。

この妖怪、だ〜れだ？

ヒント

❶ 喉を潤してくれる
❷ 一家にひとつほしい
❸ もう水道はいらない

【瓶長《かめおさ》】

水瓶の付喪神《つくもがみ》。いくら汲んでも水が尽きることがなく、飲んでも飲んでも水が減らないありがたい水瓶。【付喪神】……長い年月を経ると、物にも霊が宿る。霊が憑いて妖怪になった物のこと。

水瓶が常に新鮮な水で満たされていたら、
なんと楽でありがたいことか。
心まで豊かになりそうだ。
そんなに大きくなくていいから、
できれば愛犬の背が届くところに
いつもいてほしい。

我が家の犬の水入れは
古道具店で買った器。
そろそろ付喪神になるかも!?

瓶長はまるで、叩けばビスケットが
増えていくポケットみたい。
あの歌に親しんだ当時は、
子供心にポケットの中が
ベトベトになる心配をしたっけ。
それにビスケットのカスが
出そうなのも気になった。
今、私は永遠に芯が出続ける
シャープペンがほしい！
急いでいる時に限って芯がなくなる状況は、
地味にストレスだったりする。
あぁ、愛用のシャープペンが付喪神になるのを
待つしかないのだろうか。

「その日」はいつやって来るか
誰にもわからない。

この妖怪、だ〜れだ？

ヒント

❶ 熊のような体
❷ 虎のような足、牛のような尻尾
❸ 悪い夢を食べてくれる

【獏《ばく》】

元々は中国に伝わる妖獣で、動物のバクとは別のもの。邪気を払うとされており、疫病が流行したら獏を呼び寄せて病魔を食べてもらうという。日本では悪夢を食べると言われている。その鼻は象のように長く、目はサイのようだという。

貘に悪夢を食べてもらうには、
その姿を描いた紙を枕の下に入れて寝る。
また地方によっては
「今夜の夢は貘に食わせます」と
3回唱えて寝るとのこと。
これは自分自身に暗示をかける
意味もあるのかも。
貘よ、ヒッヒッとうなされている
愛犬の夢を食べてやっておくれ。

子供の頃の話。

遠足などで翌朝どうしても早く起きねばならない時は

「熊のくまごろうさん熊のくまごろうさん、

明日〇時に起こしてください」と3回唱えてから寝るといいと聞いた。

お願いしたら、ちゃんと起こしてくれた。

くまごろうさんも妖怪だったのだろうか。

カゲヤマ的妄想奇想　犬にしか見えない 妖怪さんたち その②

おなじみの現象も妖怪のせいだった！

絨毯の下や家具の裏には……

「毛太郎《けたろう》」がいる

毛太郎の体は犬の抜け毛でできている。そのため犬の換毛期は太っているが真冬は痩せ細ってしまう。掃除機で吸われることがなければどんどん成長していくよ。

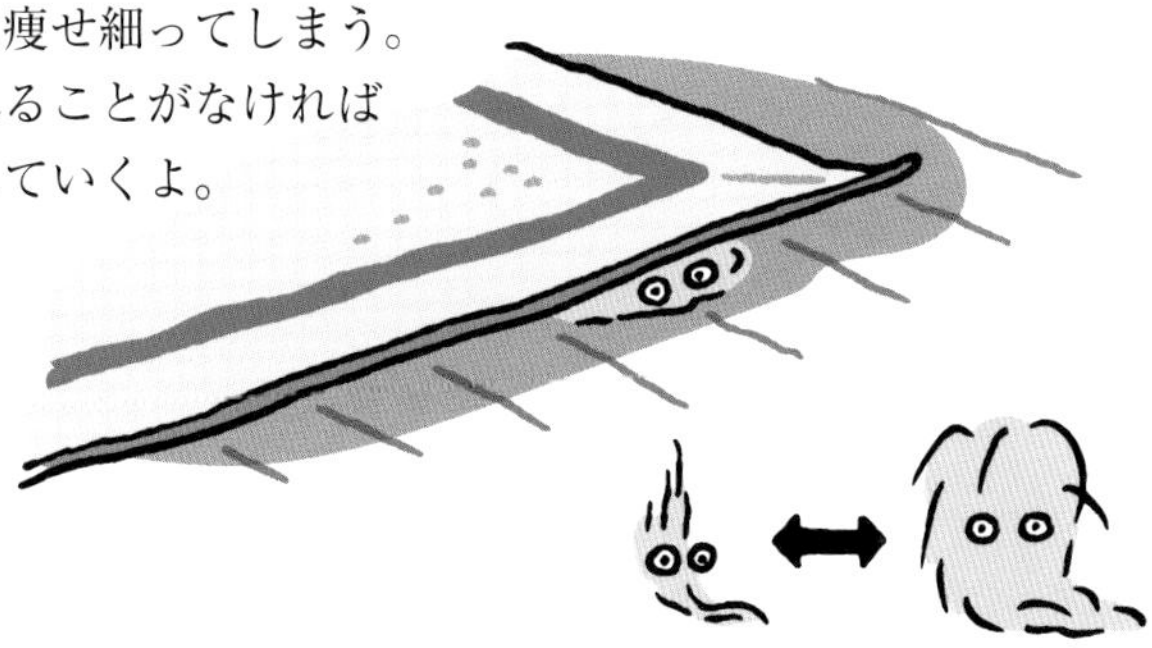

好奇心旺盛な犬なら毛太郎を捕らえて食ってしまうこともあるが、元々が自分の毛なので害はない。この時、毛太郎の目だけが落ちてまた新たな体を作る。

愛犬がちっとも遊ばないオモチャには……

「お触り犬《おさわりいぬ》」が憑いている

愛犬が見向きもしないオモチャがあったとしても、それは好みの問題とは限らない。実はオモチャを取ろうとした時にお触り犬に阻止された可能性があるのだ。

お触り犬は、犬の前足に似た姿をしている。

お触り犬は自分が気に入ったオモチャに手を出されそうになると、犬の前足を冷たい手で触り、びしょ濡れにしてしまう。もし愛犬の前足が不自然に濡れていたら、それはお触り犬の仕業と言えるだろう。

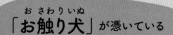

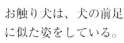

愛犬の布団の**シミ**が取れないのは……

「布団番長《ふとんばんちょう》」の仕業である

いくら洗濯してもシミが残ってしまうのは、布団が早くも付喪神になっている証拠だ。これを単に愛犬のヨダレと思って放置していると取り返しのつかないことになる。

付喪神になった布団は布団番長といい、水飴のような甘い汁を出す。犬はこの汁ほしさに、布団番長の指示通りに動くようになる。あな恐ろしや。

この妖怪、だ〜れだ？

ヒント

❶ 尻尾が２つに割れている

❷ 家に棲みつく

❸ 宝物を運んできてくれる

【尾《お》裂《さき》】

尾が2つに割れた狐の妖怪。家に代々取り憑き、幸運や財産を運んでくるという。尾裂のいる家を「おさき持ち」「おさき使《たか》い」などと呼ぶ。

贈り物をしてくれる狐といえば
新美南吉の
名作「ごんぎつね」が思い出される。
ヤンチャな子狐のごんは、
兵十の鰻を盗んだお詫びにと
魚や栗などをこっそり届けるが、
兵十の誤解から悲しい結末を迎える。
このお話を読むと
いまだに目頭が熱くなってしまう。

かつて先代犬ゴンに
この本を読み聞かせして
「ゴン！ 兵十の鰻を取らないでね」などと言って
抱きしめては嫌がられたっけ。

初代の愛犬ゴンと
暮らし始めた頃は、
近所の小学生に
「キツネだ！」などと言われた。
その後やっと
犬と呼ばれるように
なったかと思えば
今度は「ハチだ！」
（忠犬ハチ公の映画の影響）。
その後やっと
「柴ちゃん」になった。

我が家の犬たちもキツネ顔とタヌキ顔に分かれる。

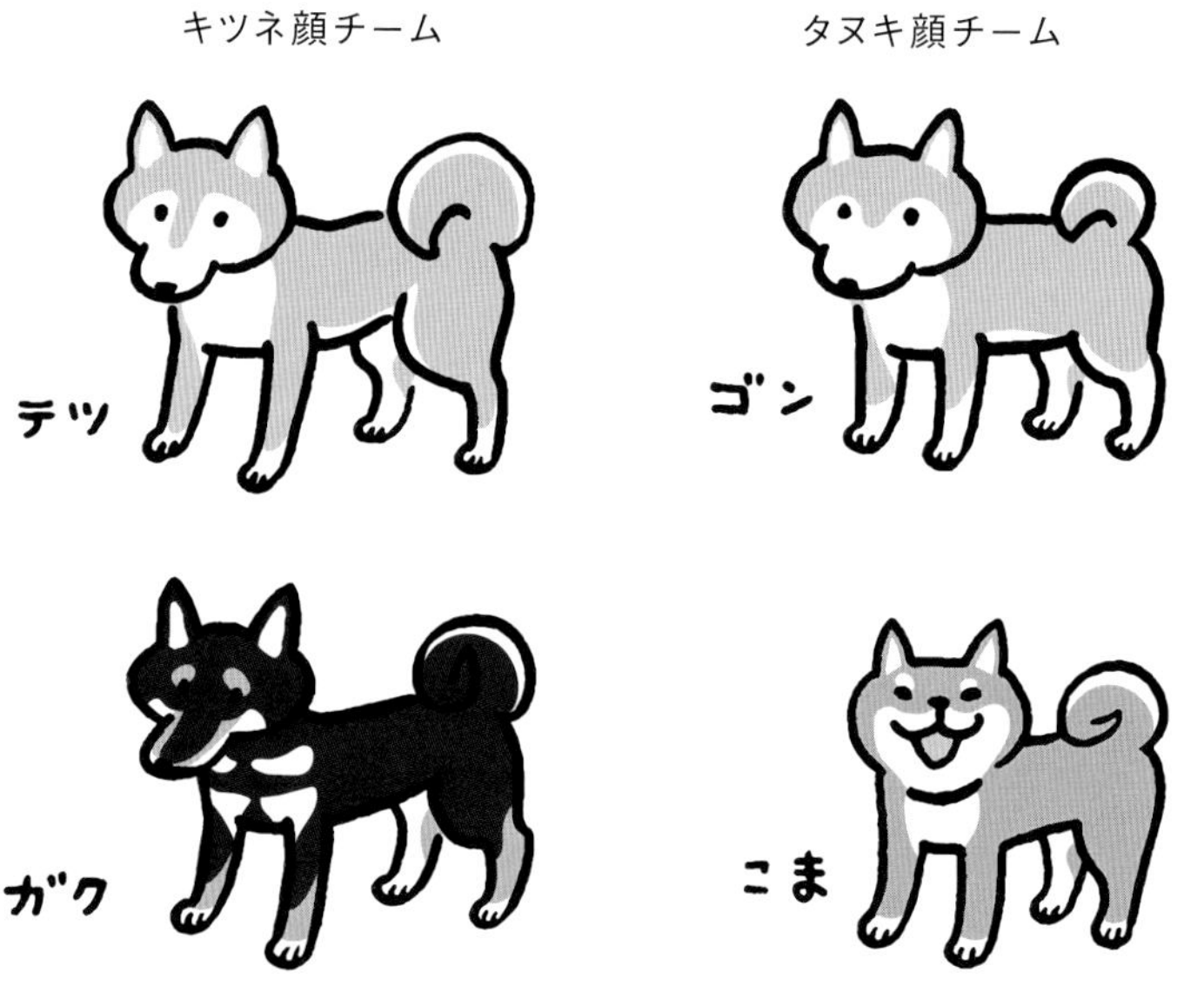

この妖怪、だ〜れだ？

ヒント

❶ 出身は植物
❷ 悪いものを吸い込んでくれる
❸ そこいら辺にぶら下がっていたりする

【瓢《ひょう》簞《たん》小《こ》僧《ぞう》】

瓢簞の付喪神。頭は瓢簞、体は葉っぱででできている。中が空洞のものは、そこに悪いものが溜まりやすいとされている。瓢簞小僧は魔物や病を吸い込んでくれる妖怪である。

赤字
0点
疫病

食堂や居酒屋の入り口に
瓢箪がぶら下がっていることがある。
あれは瓢箪小僧に違いない。
外の邪気を吸い込んで
店を守っているのだ。
今まで素通りしてすまなかった。

店の入り口で瓢箪を見かけたら
一礼して敬意を表したい。

家庭菜園で瓢箪を育てていた友人から
いくつか実をもらった。
年を経るごとに色つやがよくなり
味わいある姿へと変化している。
このまま付喪神になるのを
待ちたいところだが、
私が生きているうちに間に合うだろうか。
いつか私がこの世を去って
瓢箪小僧が残る。
そんな部屋の中を想像してみた。

もし家族や愛犬が病気になったら
枕元に瓢箪を下げておきたい。
きっと病を吸い取ってくれるだろう。
遠くへ旅する子供や
単身赴任のお父さんにも
ぜひ瓢箪を持たせたいものだ。
瓢箪は6つで六瓢（無病）の
語呂合わせから、縁起物としても
位置づけられている。
手拭いや根付、器など身の回りで
瓢箪柄を発見することも多い。

この妖怪、だ〜れだ？

ヒント

❶ 火事になると現れる
❷ 運動神経バツグン
❸ 実はこのシルエットそのもの

【黒仏《くろぼとけ》】

どこかで火事が起こると現れる。真っ黒な仏様の姿をしていて「おーいおーい」と叫びながら家々の屋根を飛び回り、火事を知らせてくれる妖怪。

昭和生まれなら、火事を知らせてくれる
真っ黒なものと言えば
「アレ」を思い浮かべるのでは？
そう、火の見櫓《やぐら》。
地域で火事が起こると消防団の人が
火の見櫓に上ってカンカンカンと
鐘を鳴らし、
住民に火事を知らせてくれた時代があった。
今では文化財として残っている
一部のものを除いて、
老朽化のために取り壊されつつあるようだ。

「 鐘の鳴り方で火事がどの辺りかがわかる 」

子供の頃、
夜中に近所の家が火事になった。
火の見櫓はそりゃあもう
ガンガンガンガンだったらしい。
「らしい」というのは、
私はぐっすり眠っていて
その音に気づかなかったから。
朝になって火事場の
バケツリレーから戻った
両親も目が点……。
恐るべし幼な子の爆睡力。

サイレンに合わせて遠吠えする犬もいるが、
うちの場合は無縁のよう。

この妖怪、だ〜れだ？

ヒント

❶ お酒大好き
❷ 何人かで現れる
❸ 体を張って人を元気づける

【はらだし】

酒好きで頭の大きな女の妖怪。古寺に泊まると夜中に数人で現れ、酒を勧めると喜んで飲んで滑稽な踊りをする。その踊りを見るといいことが起こる。悲しみに打ちひしがれている人には腹踊りを見せて元気づけ、希望を持たせてやるという。

酒

宴会芸といえば腹踊りだった時代があった。
おじさんたちが何であんなに
楽しそうに踊れるのか不思議だったが、
もしかしたらあれは
男版「はらだし」だったのでは？
はらだし、ピエロ、はだか芸人……。
いつの時代も自らの体を張って
人を笑わせようとする優しい存在がある。

腹踊りをしたのは
妖怪が先か、人間か?
いずれにせよ元気づけられるのは確かだ。

カゲヤマ的妄想奇想　犬にしか見えない 妖怪さんたち その③

散歩道にも妖怪は潜んでいる！

散歩中の犬が突然**イヤイヤ**をするのは……

「はぐはぐさん」がいたから

はぐはぐさんは、ただ柴犬が好きなだけの優しい妖怪だ。しかしあまりに愛が熱いため、柴犬たちはちょっとひいてしまうってわけだ。

控えめなはぐはぐさんは家について来るようなことはしない。飼い主がウンチを拾っている間に柴犬をハグする程度だから、大目に見てやれよ。

やたら人気の**草**、それは……

散歩道で犬に人気の草を見て、飼い主は不思議に思うだろう。あれは落ち武者の魂を受け継いだ青草侍なのだ。青々とした葉は甘くて美味い。しかし球根の表情は想像もつかないほど暗い。あまり食べすぎると犬も絶望感に苛まれていくようになるから、気をつけねばならない。

誰も決して**オシッコ**をかけない電柱は……

姉妹茸は三つ子の老婆の顔を持つキノコだ。うっかりオシッコをかけるとさんざん愚痴を言われた挙句に胞子を浴びせられるから、犬たちは用心している。あっしも胞子はごめんだね。

この妖怪、だ〜れだ？

ヒント

❶ 人には姿を見せない
❷ 倉を仕切りたい
❸ 融通をきかせてくれる

【倉《くら》坊《ぼう》主《ず》】

江戸の本所で、屋敷の倉に棲んでいた妖怪。人が勝手に倉に入ることを許さなかったが「明日、あれを○個出しておいてほしい」と伝えれば、翌朝には倉の前に出してあったという。

山梨県にも倉坊主がいるが、
こちらはただいるだけらしい。
また岩手県では家の隅に
隅坊主（すまぼうず）、
西日本には納戸に
納戸婆（なんどばば）がいるというが、
やはりただいるだけで
悪さをするわけではない。
そのかわり座敷童子のような
ご利益もないようだ。
こういった方々とどう付き合うかが問題だ。

隅坊主

納戸婆

倉の中を仕切りたい倉坊主は、
まるで鍋奉行のようだ。
作法にうるさい。
けれど彼らに任せていれば万事うまくいく。
倉は整頓され、鍋はシメの雑炊まで
おいしく食べられるだろう。
我が家のクローゼットにも
倉坊主がいてくれたらいいのに、と思う。

突然「小屋」坊主が
出現した日

この妖怪、だ〜れだ？

ヒント

❶ 山にいる
❷ 母子の味方
❸ オオカミと戦う

【送《おく》り犬《いぬ》】

信濃国（今の長野県）や播磨国（今の兵庫県）に伝わる犬の妖怪。山中で出産した女と子供を狼から守り、女の夫を呼びに行って迎えに来させたという。

地方によっては同じ送り犬でも
恐ろしいのがいて、
夜道を行く人が転ぶと
たちまち食いつくらしい。
ならば人々は転ばぬように
気をつけて歩くから、
最終的には送り犬のおかげで
無事に家に帰り着くだろう。

かわいい柴犬さんも
それはそれは
怖い顔をすることがある。

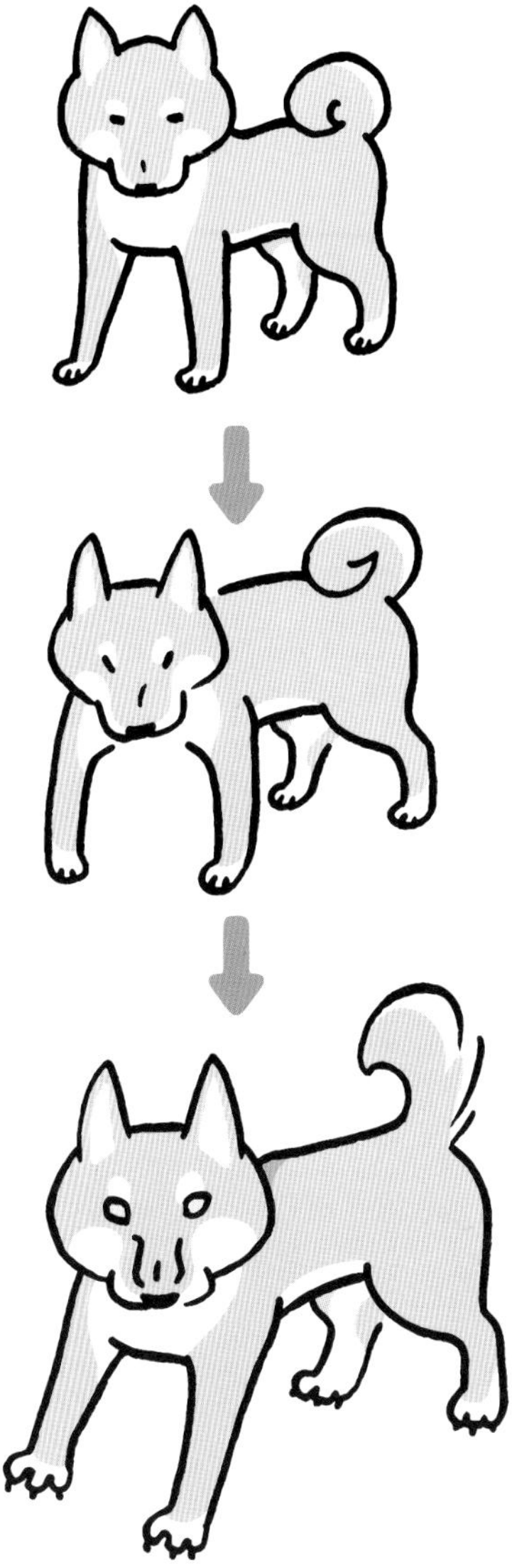

少し目が寄る

鼻のしわが
はっきり見える

目に緑色の
光が宿る

郷土玩具の犬張子は安産のお守りで、
子供の魔除けでもある。
これは犬じたいが
安産であることにあやかって、
お産の守り神としているから。
昔も今も犬は私たち人間の心のよりどころ。
妖怪とはいえ送り犬が伝わる背景にも、
そんな犬と人との関係が垣間見えるようだ。

愛らしい犬張子たち

おわりに

私は妖怪を見たことがあります。一度だけですが、そう信じています。あれは確かに「天狗」だった。

小学校低学年の頃、近所のミツエちゃんと神社に遊びに行った時のことです。お社の屋根に真っ白い着物を着た人が立っていたんです。真っ赤な顔、長い鼻。それだけで天狗に決定です。キャーッと叫んで逃げました。怖かったけど、好奇心が勝ってもう一度見に行きました。でも本当に怖いのはここからでした。天狗がいた場所には、スウーッと1本の草が立っていたのでした。ススキのように細長い葉っぱで、さっきの天狗と同じくらいの高さで……。ゾクッとしました。風にもそよがず、ただまっすぐ立っていたのがあまりにも不思議だったのです。

家に帰ってから台所にいた母に話しましたが、信じてもらえませんでした。屋根を直していた職人でもいたんだろう、って。ミツエちゃんもやっぱり家族には信じてもらえなかったようでした。大人はつまんないな、って思いました。

やっぱり大人よりも子供の方が妖怪たちに近いところにいるのでしょう。そして更に近いのが犬や猫なのかも。もし彼らと会話ができたら、毎日こんな話ばかりだったりして？「ねぇねぇ、さっき散歩の途中でサ、しゃがんでる小鬼がいたよね！」愛犬がそう興奮しても「そんなのいるわけないよ」なんて言わずに「すごいね、見えたんだ」って返したいものです。

2020年11月吉日　　影山直美

【主な参考文献】
「決定版 日本妖怪大全」水木しげる（講談社）
「絵でみる 江戸の妖怪図巻」善養寺ススム／江戸人文研究会（廣済堂出版）
「鳥山石燕 画図百鬼夜行全画集」鳥山石燕（角川書店）
「増補改訂 暮らしのなかの妖怪たち」岩井宏實（慶友社）
「ビジュアル版 日本の妖怪百科」岩井宏實（河出書房新社）
「妖怪お化け雑学事典」千葉幹夫（講談社）

福と幸せをよぶ
妖怪さんと柴犬さん
2020年11月15日 初版第1刷発行
絵と文／影山直美
装丁・デザイン／平澤靖弘＋jump
企画・編集／楠本麻里
編　者／打木 歩
発行人／廣瀬和二
発行所／辰巳出版株式会社
〒160-0022
東京都新宿区新宿2-15-14 辰巳ビル
TEL 03-5360-8064（販売部）
03-5360-8079（広告部）
03-3352-8944（編集部）
http://www.tg-net.co.jp/
印刷・製本所／図書印刷株式会社

ISBN 978-4-7778-2632-2